BEI GRIN MACHT SICH IHR WISSEN BEZAHLT

- Wir veröffentlichen Ihre Hausarbeit,
  Bachelor- und Masterarbeit

- Ihr eigenes eBook und Buch -
  weltweit in allen wichtigen Shops

- Verdienen Sie an jedem Verkauf

Jetzt bei www.GRIN.com hochladen
und kostenlos publizieren

Christian Adams

Die Suche nach Leben, Tod und Unsterblichkeit im Gilgamesch-Epos

GRIN Verlag

Bibliografische Information der Deutschen Nationalbibliothek:

Die Deutsche Bibliothek verzeichnet diese Publikation in der Deutschen National-
bibliografie; detaillierte bibliografische Daten sind im Internet über http://dnb.d-
nb.de/ abrufbar.

Impressum:

Copyright © 2013 GRIN Verlag GmbH
Druck und Bindung: Books on Demand GmbH, Norderstedt Germany
ISBN: 978-3-656-38546-2

Dieses Buch bei GRIN:

http://www.grin.com/de/e-book/210265/die-suche-nach-leben-tod-und-unsterblich-
keit-im-gilgamesch-epos

GRIN - Your knowledge has value

Der GRIN Verlag publiziert seit 1998 wissenschaftliche Arbeiten von Studenten, Hochschullehrern und anderen Akademikern als eBook und gedrucktes Buch. Die Verlagswebsite www.grin.com ist die ideale Plattform zur Veröffentlichung von Hausarbeiten, Abschlussarbeiten, wissenschaftlichen Aufsätzen, Dissertationen und Fachbüchern.

Besuchen Sie uns im Internet:

http://www.grin.com/

http://www.facebook.com/grincom

http://www.twitter.com/grin_com

HELMUT SCHMIDT
UNIVERSITÄT
Universität der Bundeswehr Hamburg

Die Suche nach Leben , Tod und Unsterblichkeit im Gilgamesch-Epos

vorgelegt von: Christian Jürgen Adams

Im Modul: Einführung in die Geschichte des Alten Orients

Gliederung

1. Einleitung

Das Gilgamesch-Epos ist die zur Zeit älteste schriftliche Überlieferung der Welt. Der Protagonist bricht als ein selbstsüchtiger und ungestümer Krieger auf und kehrt am Ende seiner langen Reise als guter Hirte und weiser König in seine Stadt Uruk zurück. Seine äußere Reise begleitet eine innere Entwicklung. Auch heute noch lassen sich Bezüge zwischen unserem modernen Leben und dem Epos insbesondere in Bezug zu unseren Vorstellungen von Leben, Tod und Unsterblichkeit finden. Diese Hausarbeit ist wie folgt gegliedert:

Als erstes wird das Gilgamesch-Epos inhaltlich zusammengefasst. Anschließend wird das Thema die Suche nach dem Leben, Tod und der Unsterblichkeit genauer beleuchtet und es wird an einigen Stellen ein Vergleich zu unserer heutigen christlich geprägten Vorstellung gezogen. Da die Themen Tod, Leben und Unsterblichkeit das ganze Epos durchziehen, werden diese nur anhand beispielhafter Stellen analysiert.

Am Ende der Ausarbeitung wird ein kleines Fazit gezogen, in dem die Themen Tod und Suche nach dem Leben zusammengefasst werden.

2. Zusammenfassung des Gilgamesch-Epos

In meinen folgenden Ausführungen über das Gilgamesch-Epos beziehe ich mich auf das 12-Tafel-Epos in der ninivitischen Version.

Gilgamesch ist der Protagonist und Held des Epos. Er ist zu zwei Drittel Gott, zu einem Drittel Mensch, verfügt über vollkommene physische Kraft und ist nach irdischen Maßstäben sehr schön. Des Weiteren ist er der König der Stadt Uruk und wird als furchtloser und gleichermaßen gefürchteter und ungehobelter König charakterisiert. Insbesondere sein despotischer Regierungsstil und die bedrückenden Lasten die er bei seinen Untergebenen durch seine Bauvorhaben in seiner Stadt Uruk hervorruft, führen zu Verärgerungen bei seinen Untertanen und die Frauen beschweren sich bei ihrer Göttin Ischtar über ihren König.

Die Göttin Ischtar erschafft daraufhin Enkidu, der Gilgamesch bändigen soll. Enkidu wird aus Lehm und göttlicher Spucke erschaffen und lebt als nichtmenschliches Wesen mit wilden Tieren in der Steppe zusammen. Als Gilgamesch von Enkidu und seiner Kraft erfährt, entsendet er die Dirne Schamhat, um ihn durch ihre Verführungskünste von seiner Herde zu entfremden, zu zivilisieren und zu ihm nach Uruk zu locken. Enkidu erliegt ihren

Verführungskünsten und die Tiere seiner Herde, die Enkidu zuvor als ihresgleichen empfanden, entfernen sich von ihm. Schließlich folgt Enkidu Schamhat nach Uruk. Auf dem Weg nach Uruk lernt er die Zivilisation und deren Bräuche kennen.[1] In Uruk kommt es zu einem Kampf zwischen Enkidu und Gilgamesch, der in einer Patt-Situation endet und in der beide Freundschaft schließen. Gilgamesch und Enkidu beschließen, gemeinsame Heldentaten zu vollbringen und ziehen aus, um Chumbaba, den Hüter des Zedernwaldes, zu töten und eine Zeder im Ischtar Wald zu fällen.

Mit göttlicher Hilfe können Gilgamesch und Enkidu gemeinsam Chumbaba töten und fällen eine Zeder. Nachdem Gilgamesch und Enkidu als Helden nach Uruk zurückkehren, erscheint die Göttin Ischtar, die Gilgamesch heiraten will. Jedoch weist Gilgamesch Ischtar zurück und beleidigt sie. Über die Zurückweisung und Beleidigungen erbost, wendet sich Ischtar zum Göttervater Anu und verlangt den Himmels-Stier für ihre Rache auszusenden, um Gilgamesch zu töten. Der Himmels-Stier wird auf die Erde freigelassen und richtet eine schlimme Zerstörung an, bis Gilgamesch und Enkidu gegen den Himmels-Stier in den Kampf ziehen und diesen töten. Als die Götter den Tod des Himmels-Stiers sehen, beschließen sie, die Aufrührer zu bestrafen und schicken eine Krankheit. Enkidu erliegt der Krankheit und muss stellvertretend für Gilgamesch sterben.

Gilgamesch kann den Tod Enkidus nicht verarbeiten und will nicht dasselbe Schicksal erleiden. Er begibt sich auf eine lange Wanderschaft, um in der Fremde das Geheimnis des Lebens zu finden und unsterblich zu werden. Er hofft dabei, dass ihm Uta-napischti[2] bei seinem Wunsch nach Unsterblichkeit hilft. Auf seiner Reise irrt er zunächst umher bis er schließlich den Berg Maschu findet. In diesem befindet sich der Eingang in den nächtlichen Tunnel, den die Sonne Schamasch in ihrem Gestirnsverlauf Richtung Osten durchquert. Gilgamesch kann die Wächter des Eingangs, zwei Wesen, halb Mensch und halb Skorpion, überzeugen, ihn passieren zu lassen. Nachdem er das Ende des Tunnels erreicht hat, befindet er sich im Edelsteingarten und trifft dort die Schankfrau Siduri, die ihm den Weg zu Fährmann Ur-schanabi weist.

Der Fährmann bringt ihn über das ‚Wasser des Todes' zur Insel namens ‚Land der Seligen'. Im Streit mit dem Fährmann tötet Gilgamesch die ‚Steinernen Wesen', die für den Fährmann spezielle Stocherstangen zur Fortbewegung im Wasser herstellen. Gilgamesch muss nun

---

[1] Er lernt menschliche Nahrung und Bier kennen.

[2] Zusammen mit seiner Frau ist er nach der Sintflut unsterblich geworden. Hierzu folgt im Text später noch eine Erklärung.

selbst die 300 Stocherstangen aus Zedernholz herstellen. Jedoch reichen diese nicht ganz aus, um bis zur Insel zu gelangen. Als die letzte Stange aufgebraucht ist, zieht Gilgamesch den Rock von Ur-schanabi aus, hängt den Rock wie ein Segel zwischen seinen Armen auf und sie erreichen die Insel.

Im Folgenden diskutieren Uta-napischti und Gilgamesch miteinander und Uta-napischti rät Gilgamesch, er solle sich um seine Pflichten als König und Mann kümmern. Anschließend berichtet Uta-napischti über die Sintflut, die Gegenstand der elften Tafel ist und seine Unsterblichwerdung erklärt.

Diese Erzählung ähnelt dabei sehr der Noah-Geschichte aus der Bibel. Der Sintfluterzählung zu folge hatte der Gott Enki den Menschen Ziusudra[3] vor einer Flut gewarnt, die alles Leben vernichten soll, da die Götter über die Menschen, deren Anzahl und Lautstärke erzürnt waren.[4] Enki, der Gott der Weisheit und Freund der Menschen, rät Ziusudra, sein Haus zu verlassen und ein Schiff zu bauen. Ziusudra befolgt diesen Ratschlag und baut aus dem Material seines Hauses ein Boot. Jedoch darf Ziusudra nach der Weisung Enkis nichts von dem drohenden Untergang den anderen Menschen verraten. In seinem Boot lässt Ziusudra die Tiere der Steppe und seine Familie einsteigen. Im weiteren Verlauf wird von der Flut und dem Ablauf der Katastrophe erzählt. Nachdem das Wasser wieder verschwunden ist und Ziusudra ein Rauchopfer dargeboten hat, versammeln sich die Götter und beschließen ihn und seine Frau für die Rettung der Lebewesen unsterblich zu machen und zu vergöttlichen.[5]

Nach der Sintfluterzählung fordert Uta-napischti Gilgamesch auf, den Schlaf, den kleinen Bruder des Todes, zu bezwingen. Jedoch scheitert Gilgamesch an dieser Herausforderung und schläft ein. Während seines Schlafes legt die Frau von Uta-napischti täglich ein Brot an sein Bett, um ihm sein Scheitern vor Augen zu führen. Nachdem er die Niederlage erkennen musste, verrät Uta-napischti Gilgamesch, wo sich die Pflanze der ewigen Jugend befindet. Gilgamesch findet die Pflanze und macht sich auf dem Weg zu seiner Heimatstadt Uruk. Während einer Rast auf dem Weg, schläft Gilgamesch ein und eine Schlange stiehlt ihm die Pflanze der Jugend. Über seine Niederlage und seinen Verlust betrübt, kehrt er nach Uruk

---

[3] Ziusudra ist vermutlich Uta-napischti und wird nach seiner Unsterblichwerdung so genannt.
[4] Jedoch mussten alle Götter vorher schwören, dass sie über die kommende Katastrophe Stillschweigen bewahren. Damit Enki seinen Eid nicht bricht, bedient er sich einer List und redet nicht unmittelbar mit den Menschen, sondern spricht zu einer Wand aus Schilf. Hinter dieser Wand wohnt Ziusudra.
[5] Durch die Katastrophe wurden auch die Tempel der Götter zerstört und durch den Tod der Menschen mussten sie sich selber um ihre Existenz kümmern. Über diese Konsequenzen wurden sie sich erst durch die Katastrophe bewusst und waren dankbar, dass Ziusudra die Lebewesen und den Menschen doch gerettet hat. Außerdem diente die Vergöttlichung auch einer Rechtfertigung, da kein Mensch diese Katastrophe überleben durfte und Ziusudra ein Mensch war.

ohne die Pflanze zurück. Gilgamesch, bereichert um die Erkenntnis, dass er sich nur durch große Werke als guter König einen unsterblichen Namen machen kann, beginnt mit dem Bau der Stadtmauer von Uruk und ist fortan ein guter König.

3. Die Suche nach dem Leben, Tod und Unsterblichkeit im Gilgamesch-Epos

3.1 Der Tod im Gilgamesch-Epos

Das Thema Tod und die Suche des Menschen nach dem ewigen Leben durchzieht das ganze Werk. Dabei ist der Tod infolge von Gewalteinwirkung eine häufig auftretende Todesursache im Epos. Da eine allumfassende Betrachtung des Themas Tod den Rahmen dieser Ausarbeitung sprengen würde, wird sich diese im Folgenden genauer mit dem Tod Enkidus und dem daraus resultierenden Wunsch von Gilgamesch nach Unsterblichkeit befassen.

3.2 Enkidus Tod

Als Strafe für die begangenen Freveltaten (Tod Chumbabas und des Himmels-Stiers) entscheiden sich die Götter dafür, Enkidu sterben zu lassen, womit auch Gilgamesch gleichzeitig bestraft wird. Enkidu wird dabei von den Göttern mit einer lebensbedrohlichen Krankheit bestrafft, dessen er auch erliegt.

Obwohl im Text nicht explizit zu erkennen, liegt die Vermutung nahe, dass Enkidu den Tag seiner Veränderung beziehungsweise Integration in die Zivilisation bereut und sich schuldig fühlt. In Bezug auf die Unvermeidbarkeit alles Sterblichen und da man den Tod damals nicht anders erklären konnte, suchten die Menschen nach der Ursache des Todes oft in der eigenen Schuld. Das Getane und das Schicksal wurden in Zusammenhang gebracht.[6] Enkidu bereut es, die geschmückte und verzierte Zederntür nicht zu Ehren des Sonnengottes Schamasch nach Nippur gebracht zu haben. Außerdem sieht er sich schuldig, die Natur geschändet zu haben, indem er beispielsweise seine eigene Herde gejagt und getötet hat. Gilgamesch versucht, durch ein Ersatzbild von Enkidu die Götter zu besänftigen. Früher war es üblich den Zorn der Götter zu besänftigen, indem ein Lösegeld in Form von Gold, Silber oder aber auch

---

[6] Das Tun wirkt sich direkt auf das eigene Ergehen aus. Tut der Mensch beispielsweise im Sinne der Götter etwas Gutes, wird es ihm auch gut ergehen.

Ebenbildern geopfert wurden. Jedoch hält Enkidu ihn davon ab. *„Das, was Enlil befahl, ist nicht so wie jenes, was Götter zurücknehmen können"* (VII, 85.89).

Im Alten Orient wurde der Tod nicht als absolutes Ende gesehen. Er stellte vielmehr einen Übergang und Wechsel in eine andere Existenzform dar. Die gängigen Metaphern für den Tod im Epos sind dabei Wandlung, Schlaf und Abschied. Diese Tatsache hat sich bis heute nicht geändert. Dabei hat der Weg zur Unterwelt unterschiedliche Formen. Meist hat es mit der Überquerung eines Unterweltflusses oder mit dem Zurücklegen eines Weges zu Fuß zu tun. Gemeinsam ist allen Vorstellungen, dass der Tote bis zu seinem Bestimmungsort wandeln muss. Auch die Beschreibung des Jenseits ist als ein Versuch anzusehen, den Menschen etwas nicht Zugängliches erfahrbar zu machen und so den Schrecken vor dem Tod zu nehmen. Zusätzlich wird mit dieser Vorstellung eine Verbindung zwischen der Welt der Lebenden und der Unterwelt gegeben, um beispielsweise Kontakt mit den Toten aufnehmen zu können. Die Menschen aus dem Alten Orient sahen den Tod als das Ende ihres selbstbestimmten Lebens und als Beginn eines Schattendaseins in der Unterwelt an. Die Unterwelt wird als trostlos und finster beschreiben. Sie wird von Schattenwesen und schemenhaften Totenseelen bewohnt und ist von der Lebenswelt durch Barrieren wie Flüsse, Tore und Wächter abgegrenzt. Staub dient als Nahrung, weshalb die Toten auch auf die Opfergaben ihrer Angehörigen angewiesen waren.

Enkidu sieht sein jähes Ende kommen und seine Traumschilderung über die Unterweltvisionen zählen zu den eindrucksvollsten der altorientalischen Kultur (vgl. Kommentar Maul: VII, 193-201 in: von Soden & Schott 2009). Enkidu ahnt im Fieberwahn seinen Tod voraus und schildert seinen Todeskampf. Er empfindet eine tiefe Zerrissenheit, eingespannt zwischen Himmel und Erde. Schließlich wird er vom Löwenadler, einem mythischen Wesen aus Vorzeiten, im Traum bezwingt und wird von ihm in das ‚Haus des Todes auf eine Reise ohne Wiederkehr' gebracht (vgl. VII, 180-205).

Gleichzeitig mit Enkidus Sterben geht eine weitere Bestrafung der Götter einher. Enkidu klagt am zwölften Tag, der auch sein Todestag ist:

„Auf mich mein Freund, hat mein Gott seinen Hass gerichtet,
Mich lässt er nicht sterben wie einen, der inmitten des Gefechts fiel.
Ich fürchtete (einst) die Schlacht, doch schlimmer ist es ohne Kampf
zu sterben.
Mein Freund, einer, der fiel inmitten der Schlacht,
hat sich einen Namen gemacht,

ich aber werde in der Schlacht nicht fallen und keinen Namen mir machen können!" (VII, 263-267).

Der Heldentod im Gegensatz zu einem Tod durch Krankheit oder Alter scheint im Alten Orient ein sinnerfüllter Tod zu sein.[7] Enkidu stirbt somit ruhmlos, obwohl Gilgamesch und er beschlossen hatten, in die Steppe hinauszugehen, um sich einen Namen zu machen und so Unsterblichkeit zu erlangen. Man könnte somit behaupten, dass die Vorstellung seines ruhmlosen Todes seine Strafe verdoppelte. Enkidu stirbt einmal physisch und ein zweites Mal in seinem Gedächtnis und dem der Menschen. Somit fällt auch ein Überleben im Gedächtnis der Menschen durch Taten, bis zu einem gewissen Grad als Untersterblichkeit gesehen, für Enkidu weg.

3.3 Gilgameschs Suche nach dem Leben und nach Unsterblichkeit

Nach dem Tod seines Freundes Enkidu begibt sich Gilgamesch auf die Reise, um unsterblich zu werden. Jedoch verwahrlost Gilgamesch auf dieser Reise äußerlich. Seine Haare verfilzt und seinen königlichen Insignien entäußert, irrt er in der Steppe umher. Dadurch ist er äußerlich dem Wesen nach näher Enkidu als je zuvor. Gilgamesch, vorher zivilisiert und der Kultur angehörend, ergibt sich nun der Natur.[8] Durch Enkidus Tod sieht sich Gilgamesch im Kontext von Zeit und Vergänglichkeit und wird sich seiner eigenen Sterblichkeit bewusster denn je. Diese Angst vor der eigenen Sterblichkeit treibt ihn zu dem Entschluss, Uta-napischti aufzusuchen, um ihm sein Geheimnis der Unsterblichkeit zu entlocken.

„Ich suche den Weg zu Uta-napischti, meinem Vater, der mir voranging.
Der in der Versammlung der Götter stand, um das Leben zu suchen!
Das Geheimnis von Tod und Leben soll er mir offenbaren!" (IX, 75-77).

Damit ist der seit jeher aktuelle Wunsch nach Jugend ohne Alter und Leben ohne Tod verbunden. Gilgamesch macht sich auf den gefahrvollen Weg und seine Bewährungsprobe beginnt. In seinen Träumen, in denen er sich von Löwen bedroht sieht, wird er sich der hohen Wertigkeit des Lebens bewusst. Der selbstbewusste, junge König aus den Anfängen des Epos hat sich nie Gedanken über Leben und Tod gemacht. Nun erfährt er auch im Traum Todesangst.

---

[7] Ein Tod beispielsweise durch Alterungsprozess oder durch Krankheit wurden kaum thematisiert.
[8] Das lässt sich auch daran erkennen, dass Gilgamesch von nun an auch ein Fell trägt wie der Hirtengott Schakan.

An den Grenzen der Unterwelt und des Diesseits stellt sich Gilgamesch den Skorpionmenschen, die eine Mittler-Rolle zwischen der unseren Welt und dem Jenseits spielen.[9] Sie bewachen auch den Lauf der Sonne und hüten das Eingangstor zu den Zwillingsbergen.[10] Der Berg stellt dabei im Epos ein mystisches Tor und eine Verbindung beziehungsweise einen Durchgang zur Unterwelt dar, in dem sich ein Tunnel befindet. Dieser Tunnel steht symbolisch für den Durchgang zur transzendenten Welt.

Somit geht Gilgamesch vom Bewussten und Sichtbaren aus in das Unbewusste und Unsichtbare. Dabei könnte man Gilgameschs Durchquerung, immer mit dem Tod im Rücken, auch als symbolischen Tod interpretieren. Außerdem sehnt er sich während des Durchgangs nach Licht in der völligen Dunkelheit. Dabei ist das Licht ein Urprinzip für alles Lebendige. Auch Gilgameschs Bedürfnis nach Licht scheint existenziell zu sein und steht symbolisch für Hoffnung, Trost und Wärme. Licht ist weiterhin eine Metapher für Wahrheit und Erkenntnis.

Dabei stellt sich mir die Frage, was treibt Gilgamesch an, durchzuhalten? Es scheint mehr als eine egozentrische Suche nach Unsterblichkeit zu sein. Es ist als ob er ahnt, dass hinter dem Geheimnis von Unsterblichkeit etwas Weiteres liegt. Er möchte zu seinem göttlichen Ursprung zurück, denn er selbst ist zum Teil göttlich. Auch im Alten Orient ist die Grundsituation es Menschen geprägt durch Sterben und durch die Ahnung des Göttlichen. Somit geht es letztlich auch um ein Bewusstwerden von latentem Wissen, das aus seelischen Vertiefungen heraus in der Gewissheit des Guten in eine Konvertierung ins Helle gelangt.

Auch Gilgamesch wird am Ende seines Lebens dieses latente Wissen bewusst. Dies zeigt sich dadurch, dass er sich beispielsweise seiner Pflichten als König bewusst wird und dass er zum Schutz der Untertanen eine riesige Stadtmauer erbaut und fortan ein guter König wird. Auch bei seiner Überfahrt über das Meer des Todes erkennt Gilgamesch, dass er mit Gewalt nichts erreicht. Endlich bei Uta-napischti angelangt, maßregelt er den noch immer stürmischen Helden und weist ihn sogar auf seine Pflichten als vom Volk gewählten König hin. Gilgamesch soll sich um den einfachen Mann kümmern und Hirte seiner anvertrauten Menschen sein. Gleichzeitig ist es ein Hinweis auf die Begrenztheit der Lebenszeit, die kurze Spanne, die dem Menschen gegeben ist und innerhalb derer sich ein Menschenleben erfüllt.

---

[9] Wahrscheinlich diente der Skorpion als Verkörperung dieses Mittlers aufgrund der entstanden Erfahrungen mit dem schmerzhaften und teilweise tödlichen Stich des Skorpions.
[10] Der weiße Zwillingsberg im Osten (Sonnenaufgang) und der schwarze Zwillingsberg im Westen stehen für den Sonnenuntergang.

Diese Mahnung ist vergleichbar mit dem christlichen ‚Memento mori‘. Es stellt ein Hinweis auf die Vergänglichkeit als eine Art Polarität von Leben und Tod dar. Dies ist ein Verweis, dass sich niemand je dem Tod entziehen kann.

4. Fazit

Gilgameschs Weg stellt einen Erkenntnisweg beziehungsweise einen Läuterungsprozess dar. Er hat sein Wesen verändert. Seine ursprüngliche Vorstellung von Leben war von egozentrischem und gegenständlichem Denken geprägt. Hinter Gilgameschs Suche nach Unsterblichkeit steht auch die Suche nach dem Sinn des Lebens und nach der Wahrheit. Zurück in der menschlichen Welt, erkennt Gilgamesch die Unausweichlichkeit seines Schicksals. Er muss erkennen, dass er ein Mensch ist. Er verkörpert das gesamte emotionale Spektrum eines Menschen. Er empfindet Angst, trauert um seinen Freund, er bittet die Skorpionenmenschen demütig, er singt und klagt etc., um seinen Weg gehen zu können. Somit kann man auf der Reise von Gilgamesch seine Menschwerdung beobachten, die gleichzeitig ein erster Schritt in die Unsterblichkeit darstellt.

Zumindest ist Gilgamesch auch heute noch ein Begriff und er hat sich einen Namen gemacht. Er wird zum Hirten seines Volkes und ein unvergessener Herrscher, der in der Nachwelt weiter lebt. Durch seine Erfahrungen von Leben und Tod hat er eine andere Vorstellung von Leben gewonnen. Das Leben, das er nach seiner Reise gewonnen hat, besitzt durch das Bewusstsein der eignen Endlichkeit eine andere Wertigkeit. Damit scheint eine wichtige Erkenntnis im Gilgamesch-Epos die Oszillation zwischen Leben und Tod zu sein. Der Tod ist Gegenstand des Lebens und auch das Leben schlägt in den Tod. Denn die Unterwelten sind nicht durch einen möglichen Zugang nach dem Tod gekennzeichnet, sondern durch ihre Transparenz in das Diesseits.[11] Prägnant formuliert würde ich die Suche nach Unsterblichkeit und dem Leben mit den Worten von Heraklit abschließen:

„Als Unsterbliche sind sie sterblich, als Sterbliche unsterblich: das Leben der Sterblichen ist der Unsterblichen Tod, der Tod der Unsterblichen der Sterblichen Leben“ (Mansfeld 1983, S. 263).

---

[11] Gebet und Opfergaben an die Toten und die direkten Auswirkungen auf das Dies- und Jenseits stellen hier nur einige Beispiele dar.

Literaturverzeichnis

- Mansfeld, Jaap: Die Vorsokratiker Band I; Heraklit Fragm. 66 (DK 22 B62), Stuttgart 1983.

- Von Soden, Wolfram & Schott, Albert: Das Gilgamesch-Epos. Taschenbuch, Reclams Universal Bibliothek Nr.: 18686, Stuttgart 2009.